AF599715

Cautivos

Este libro ha sido impreso con papel 100% reciclado.

lasturaediciones.com
info@lastura.es

Colección Alcalima, n.º 217
Dirige la colección: Isabel Miguel

Editado en Madrid, España.

Primera edición: mayo, 2023

Depósito Legal: M-11206-2023
ISBN: 978-84-127068-0-2

Impreso en Antequera, Málaga (España)

Mario Espinoza Pino

CAUTIVOS

CON ILUSTRACIONES DE MARÍA MAQUIEIRA

COLECCIÓN ALCALIMA DE POESÍA N.º 217

Prólogo

Lo común también late, en la intimidad de la palabra

Helios F. Garcés

...hacer que las palabras
coincidan con las cosas
para que ya no se desmientan

Mario Espinoza Pino

0.
LA ESPERANZA

Por favor, comencemos por partes. Yo conocí al Mario Espinoza Pino poeta después de haberme encontrado con el Mario Espinoza Pino marxista. El apunte es importante y no quiero dejar la oportunidad de señalarlo. ¿Por qué razón? Muy sencillo. Porque a tenor de los extraños momentos que corren, habrá quienes se sorprendan. ¿Cómo puede ser?, ¿cómo puede conjugarse el análisis materialista de la economía política con la perspectiva de alguien que, a la hora de la verdad, cuando se le interroga sobre cuál es su tradición, responde: *«Aprendí casi todo lo que sé / de mi madre y de mi abuela / entre los cazos y las tazas del desayuno»*? Abracé al compañero Mario Espinoza Pino marxiano antes que al hermano Mario Espinoza Pino poeta, pero no me extrañó en absoluto la existencia de este último. No tengo duda de que también habrá quienes se opongan a la caracterización paradójica de este choque entre lo político y lo poético. Pero lo cierto es que, a pesar de que el panorama del Estado español está siendo manchado, cada vez más, por voces que provienen de otras heridas y de otras ancestralidades, siguen faltando poetas que presten atención a la materia de la poesía y a la poesía de la materia, y que lo hagan con ternura. *Cautivos* es un trabajo que viene a acortar esa brecha.

«Es necesaria una cierta dosis de ternura / para comenzar a andar con tanto en contra / para despertar con tanta noche encima», dejaba dicho en su poema "Declaración de principios" el entonces Subcomandante Insurgente Marcos y ahora Galeano. La ternura, un elemento clave en la poesía de Mario Espinoza, resulta ser una cuestión muy especial que no debe reducirse a simple cliché sentimentaloide. En poesía, requiere de sutileza y de honestidad no rendirse al impulso cortante que la palabra militante ha adquirido a través del lenguaje del ensayo. No, al menos, siempre.

Mantener esa apertura, que hace del poema un elemento sensible, cuyo pálpito es visible, no es sencillo, mucho menos para voces/cuerpos atravesados por herencias de resistencia; voces que, como diría el también poeta

José Heredia Maya, nacieron hace milenios. Sin embargo, *Cautivos* traza con delicadeza ese camino que se desenvuelve entre lo íntimo y lo común –dos formas de abordar la vida, o inspiración y espiración de la propia– encontrándose al mismo tiempo con lo común en lo íntimo y con lo íntimo en lo común. Lograr esta alquimia poéticopolítica es difícil, decíamos. Pero no porque ello implique replanteamientos en torno a la depuración exquisita del lenguaje, aunque puede que también. Más bien es así porque al internarnos en ello, abandonamos el terreno exclusivo de la literatura y nos zambullimos en el de la propia existencia. Ahí, deseantes, en ese cruce imprevisible de caminos, es imprescindible reivindicar al poeta/persona que se pregunta por cuáles son los espectros que actualmente recorren Europa; ya sea desde *la infancia de sus sueños* o desde los *fantasmas y relatos* que atraviesan la misma, ya sea desde las calles del Albaicín, o desde las del sur de Madrid, hay que escuchar al poeta que, entre *la basura y las flores*, sigue *buscando la esperanza.*

1.
SIEMPRE LA OSCURIDAD

Ocurre también que los poemas de Mario Espinoza están claramente ligados a lo vivido y no se preocupan por enmascarar ese vínculo. Lo vivido *en cautividad*, lo vivido como *materia* que es *voz* y, por lo tanto, *palabra*; lo vivido como forma de dejar testimonio sobre los *paisajes íntimos* que desembocan en lo *común.* No hay fetichismo en la relación dialéctica que, entre poema y vida, late en estos primeros versos hechos por fin libro. No hay oscurecimiento de esta relación entre poesía y vida. Pero cuidado. Eso no quiere decir que no haya oscuridad en *Cautivos.* Es más, me atrevería a asegurar que muchos de los poemas que se van engarzando a través de estas páginas brotan a través de una intensa relación con la oscuridad desde la que fueron, poco a poco, surgiendo. Como diría nuestra compañera y poeta escritora Mafe Moscoso en su *Desintegrar el hechizo*, en *Cautivos*, están *«abrazadas la luz la sombra la sombra»*. La sombra así, nombrada dos veces. Y, después/antes de un pequeño y enigmático espacio, la luz a la que está irremediablemente abrazada. Es aquí donde cobra parte de su sentido el hermoso aforismo del sabio Ibn ʻAta Allâh de Alejandría: «*entierra tu existencia en la tierra de la oscuridad; porque lo que crece sin ser enterrado no llega jamás a madurar*». La oscuridad de la noche, la oscuridad del silencio cuando este viene cargado de fertilidad es por tanto un requisito. Sin esa oscuridad, no existe poema que germine con la madurez necesaria para quedar en pie ante la luz y, al mismo tiempo, dejarse doblegar por la brisa, ni por la respiración de quien lo recita. Es oculta, gestándose con cuidado, como *aquella voz* que viene como *rumor en una tarde tibia buscando su forma* germina *feroz en la lengua como fruto de nadie.* No hay entonces contradicción entre el abordaje de lo que llamamos misterio y lo material-inmediato, entre el ejercicio de la crítica como desenmascaramiento de la ideología y la esperanza. Todo queda ligado de manera natural en los poemas de *Cautivos.*

2.
MEMORIAS CAUTIVAS

Si no me falla la memoria, conocí al Mario Espinoza poeta antes que al Mario Espinoza marxista. Todo comenzó con el pequeño fragmento de un poema: «*encontré la perspectiva necesaria / para darme cuenta / de que todas las islas que pude descubrir / constelaban –salvajes– un archipiélago*». Después de aquel destello, que se dejó intuir en Ciempozuelos, en Granada, en Barcelona tuvimos que preguntarnos ¿cómo es posible un comunista que no es, al mismo tiempo, un poeta? ¿Cuál es ese mundo, destinado a perecer, en el que alguien que desea y lucha por una sociedad justa no tiene la sensibilidad, la ternura y la esponjosidad del corazón suficiente como transformar sus anhelos en palabras fértiles? Esta primera obra poética de Mario Espinoza Pino puede constituir una noble respuesta a los interrogantes planteados. Noble. Porque lo hace sin pretensiones impostadas, como lo hace la poesía madura que no busca esconderse tras el chascarrillo, que no suspira por encontrar el momento para producir el aplauso forzado ni la para supuesta sorpresa.

Este trabajo de destilación poética en el que una lírica enraizada en los lenguajes y códigos de nuestro momento histórico y nuestros territorios se muestra en la mística del encuentro, en la denuncia amarga de la soberbia del Imperio, en los guiños del amor y lo relacional y en lo que acompaña al niño que seguimos siendo, merece la pena. Desde ahí puedo ver, sentado en una silla de la cocina, junto a su madre y su abuela, al Mario niño que ya tenía la sensibilidad necesaria para ser no sólo escritor, sino poeta. Estoy seguro de que fue en aquel momento cuando comenzó a gestarse *Cautivos.* Por eso, la memoria me dice que le conocí antes de haberle conocido. Eso es lo que hace de su poesía algo especial. Y espero que ustedes compartan mi suerte. Les dejo con él.

Barcelona, 2023

Agradecimientos

Como toda creación humana, un libro no es más que una peculiar suma de elementos que desbordan con mucho a quien lo firma. ¿A quién podrían pertenecerle del todo las metáforas, imágenes, afirmaciones y enigmas que pueblan estos versos? La poesía, como tantas otras cosas, se construye en el *entre* –es un espacio liminal, marcado por el tránsito y el roce con los demás–. En este sentido, todo libro no deja de manifestar en sus páginas una *alianza salvaje.* Por ello esta obra se encuentra atravesada por voces, afectos, sueños, anhelos, reflexiones y experiencias cuya naturaleza es plural, compartida y en ocasiones inesperada. Común. Pues, en definitiva, lo que hay detrás de un libro nunca es una autoría individual, sino el latido de una comunidad singular, una constelación activa con la que se comparte la vida y la palabra: es esta comunidad la que sostiene los desvelos de quien escribe, nutriendo su ánimo y cuidando con ternura de su alegría y misterio. Tal es así, que es fácil descubrir la huella del otro y de los otros hasta en los lugares más íntimos y pretendidamente personales de este libro. También la textura contradictoria de la realidad que habitamos y que nos reclama una y otra vez. Y no como meros testigos, sino como parte no menos contradictoria de la misma –parte activa del juego que jugamos entre todas y todos–.

Cautivos no existiría sin el amor y apoyo de Carolina Meloni González, mi mujer y compañera (*el mundo podrá arder/ y seguiremos deseando*). Mucho de lo escrito ha nacido en torno a su *bella vecindad* (R. Dalton). Esta obra tampoco habría visto la luz sin el cuidado, interés y profesionalidad mostrada por una comunidad editorial muy especial: Lidia López y Ana Orantes –editoras incansables de Lastura Ediciones y Kaótica Libros– e Isabel Miguel, directora de esta colección de poesía. Solo puedo darles las gracias por su confianza y su cariño sincero. Por hacerme sentir en familia. Me gustaría agradecer también a Helios Fernández Garcés nuestras extensas conversaciones de este pasado año (Barcelona, Granada y más allá), así como su fraterna atención a todo lo que escribo. Siempre es un honor poder contar con su visión, palabra y amistad. Del mismo modo, ha sido un verdadero lujo contar con una artista del talento de María Maquieira en la ilustración de este poemario. Aquí mi gratitud se multiplica, ya que María me ha permitido ser testigo del florecimiento de sus imágenes, acercándome a la experiencia de cómo los versos afectaban su arte y viceversa. Solo puedo darle las gracias de corazón por haberme mostrado la alquimia de su taller.

Esta obra se escribió en los últimos coletazos de una pandemia, a caballo entre tres ciudades: Ciempozuelos, Granada y Madrid. Todas ellas pobladas por diferentes comunidades, amigas y amigos que compartieron su pan con nosotros. Agradezco a José Luis Moreno Pestaña y Marga Huete su inigualable hospitalidad nazarí. A mis hermanas y hermanos de Ciempozuelos siempre les deberé mucho. Y a mi nueva comunidad madrileña solo puedo estarles agradecido por su cariño cotidiano y hospitalidad. *Last but not least*, me gustaría agradecer a mis compañeros de *El rumor de las multitudes* su aliento, inquietud vital e intelectual –María Arobes, Sergio de Castro y Miquel Martínez–.

Un libro es un útil bastante paradójico. Es al mismo tiempo un hogar y la promesa de un viaje. Aquí comienza este.

Madrid, 11 de marzo de 2023

Cautivos

A todas y todos los cautivos...

I

En cautividad

«De nuevo la cárcel, fruta negra. En las calles y las habitaciones de los hombres, alguien se quejará en estos momentos del amor, hará música o leerá las noticias de una batalla transcurrida bajo la noche del Asia… Y en cualquier lugar, la última de las cosas hundidas o clavadas será menos prisionera que yo».

Roque Dalton, *Poemas de la última cárcel*

Diario de prisión

Me entretengo
garabateando palabras
sobre una pared gastada

afilo el cuchillo
y araño la superficie
para trazar, imperfecta, su forma

¿Qué semillas crecerán
dentro de estos surcos torcidos?

¿Agrietarán los muros
con algo de esperanza?

En realidad
no tengo ningún cuchillo
ni estoy en ninguna cárcel

aunque sigo cautivo
como la mayoría
esperando mejores tiempos

pero como no creo en los milagros
me empeño en la palabra
como en una brecha
que quisiera agrandarse
verbo a verbo, entre las líneas del enemigo

y así romper lo gris
que día tras día nos abate
porque se trata de descubrir
por azar o por fortuna
el camino hacia alguna parte.

Una puerta al otro lado de esta noche.

TRÁNSITO

Habría que inventar un verbo
que hilase de todos los tiempos
su parte más quebrada, más abierta
y conjugar así la incertidumbre de las cosas.

Una voz intermedia, ni activa ni pasiva,
ágil y expectante, cuya verdad estuviese
entre el vacío y la voracidad de una marea.

Ese tiempo que nos habla de aquello que termina
pero aún no, aunque las cartas estén sobre la mesa
y cada instante nos descubra su fuga inevitable.

La culpa

La culpa es un invento de dios
contra todas las certezas salvajes
de la vida.

Como larva
repta y se desliza bajo la piel
emponzoñando la memoria.

Lo desfigura todo:
incluso la verdad o el amor
se vuelven sombra de sí mismos.

Ser fiel solo al momento
en que el cuerpo es abatido por la luz
y la materia y el instinto abrazan su limitada claridad.

Canción del cautiverio (marineros de agua dulce)

El temor es una balsa
que hace aguas
y surca los rápidos de un río

no podemos exigirle piedad
a la naturaleza
ni serenidad al vértigo

rema una y otra vez
con las manos y los brazos
como si el mañana no existiese
pues el ahora es todo lo que importa

tan solo queda resistir
mantenerse a flote desnudos
con lo poco que tenemos

incluso si los hombros se agarrotan
las manos pierden sensibilidad
y la noche su misterio

rema una y otra vez
con las manos y los brazos magullados
como si el mañana no existiese
aferrándote a la vida

hazlo
aunque la desesperanza te devore
y el temor haga un festín de tus entrañas

porque nunca se sabe cuándo o cómo
ni dónde ni por qué
aparecen las respuestas.

Los sueños de un prisionero
siempre beben de la misma fuente:

de las cenizas de una fe lacerada
entre el miedo y la esperanza
que se llama deseo.

MEMORABILIA (EJERCICIOS DE ESTOICISMO)

Un error es a veces el mejor acierto.

Recuerda esto cuando vayas a la cama
y te encuentres inquieto
por todos los naufragios, las medias palabras,
el temor, el ridículo, las miradas esquivas,
los silencios incómodos y los momentos
de odiosa sumisión.

Piensa que un error es solo un acierto diferido.

Y que no importa si afuera hace frío,
arde la piel o el pánico vomita su delirio.

Convierte la necesidad en virtud
transmuta el plomo en oro
tu error en tu mejor fortuna:

sonríe y abandona descalzo el cautiverio.

EL ARTE DE LA COCINA (I)

Aprendí casi todo lo que sé
de mi madre y de mi abuela
entre los cazos y las tazas del desayuno.

La cocina de gas y el café hirviendo:

allí yacen, entre sorbos
relatos que aún me aman
adormilados por el tiempo
con la cadencia inquieta
y solar de aquellos días

de allí brota la melodía recurrente
de gestos y voces
que mora en este cuerpo
y el enigmático afán
de sus silencios

un niño lo aprende todo

la historia de los vencedores
sobre la de los vencidos
la ternura infinita por quien sufre
la rabia que palpita tras lo injusto
el aroma dulzón de las medias verdades

y descubre los primeros barrotes de una cárcel
el escalofrío del juicio y el peso del deber
pero también la inteligencia
el impulso para transgredir
el orden y sus ritos

todo a la vez

no deja de ser irónico que tantos temores
y anhelos mezclados con tesón
en inculcarnos un camino
terminen en un lugar tan alejado
del punto de partida

pero retén aún aquellas escenas

si escuchas con suficiente avidez
y haces las preguntas oportunas
encontrarás el hambre de futuro
que te permita escapar de cualquier celda.

Día de todos los santos

Para aquellos que no están
y un día caminaron entre nosotros

para quienes acariciaron los días
y compartieron generosos su voz
sus manos
su aliento

para todos los que son hoy
fértil hogar de la memoria
refugio de soledades
o añoradas mañanas luminosas

para quienes se fueron
y sin embargo perduran en la vida
a través de nuestros ojos
acompañando dudas y certezas

para aquellos cuyos tallos se truncaron
antes del tiempo de cosecha
y para quienes marcharon silenciosos
o anónimos entre las aguas

para quienes pudieron vivir apenas
heridos desde siempre por el mundo
masacrados sin piedad
o desaparecidos en alguna calle angosta

para quienes quisiéramos ver mañana
atravesando el umbral de nuestra puerta
con una sonrisa conocida
y las conversaciones que faltan

para todas ellas, para todos ellos:

una oración mundana
un recuerdo fecundo
el calor del hogar
su comida favorita
el vuelo de un pájaro al atardecer
la tierra florecida
y un abrazo en el cruce de caminos
donde nos separamos

allí volveremos a encontrarnos
en la memoria de quienes continúen
de este lado del sueño
cuando nos hayamos ido.

Fermento

¿En qué lugar de la memoria te escondes
–semilla secreta
o animal salvaje–,
desde qué madriguera acechas
caminos y destinos
que aguardan ser nombrados?

Estabas invisible, saturado de luz
en el ángulo donde viven las cosas
que no tienen sombra: aquellas
que solo pueden recobrarse
con las manos desnudas
una vez deshecho el rostro de dios y el de la muerte.

Odio

Por desgracia
el mundo está lleno de infelices
y carceleros del alma que gustan
de poner entre la espada y la pared.

Se afanan en la debilidad ajena
preparando el golpe.

Los peores son
aquellos que disponen
del tiempo de otros
para justificar sus grises laberintos.

Beben la sangre
como garrapatas
y tras apurar el trago hasta las heces
dejan solo la baba de la mediocridad.

Arrebatan los días
y sepultan las horas
llenos de soberbia e impotencia
como grajos altivos.

Se creen más de lo que valen
porque nunca han sido pesados
en la balanza de unos ojos
que no sean como los suyos.

Mentiría si digo que no los odio
si digo que siento piedad o compasión
por ellas y por ellos
absortos en sus tramas cobardes y ridículas.

Pero tampoco deseo venganza
o escarnio alguno:
solo la tibia muerte de sus nombres
el olvido más certero de sus gestos
la destrucción más minuciosa de todo su legado.

Algo de orín sobre sus tumbas
y el chirrido indiferente de los gorriones
sobre la copa de un árbol.

Tampoco pido demasiado.

Clamor

No es sólo la incertidumbre
ni el hastío de las batallas cotidianas
no es la última mentira
ni tampoco el rostro cínico de turno
que sonríe desde la pantalla a la hora más manoseada
[del día.

No son los *potros de bárbaros atilas*
aunque parece que lo fuesen
porque vemos llegar el golpe y apenas esquivamos:
petrificados de tanto gastar tardes
no acertamos a devolver la rabia entera.

No son solo los tiempos
el cansancio pandémico
o los interminables duelos con lo que pudo ser
y no fue, pero insiste –la historia de todos los poemas–
y no da tregua ni a los pájaros ni a las luciérnagas

se trata sencillamente de la desposesión

esa palabra
que nos dice que alguien arranca, devora,
coloniza, mata, quiebra, pudre, agosta, contamina, viola
o conquista por la fuerza y se apropia de algo
que nos pertenece en lo más hondo.

Los días rezuman mala conciencia
y dejan un sabor áspero
entre la lengua y la garganta:

clavados en la sombra
aguardamos la luz
sabiendo que no basta, que algún día
habrá que salir a recobrarla.

Si es que alguna vez la tuvimos entre las manos.

ALLÍ

Encontrarse solo
y escrutar lo alto
como buscando el corazón del aire
la fibra que palpita
entre dos bocas
y rompe en aguacero

descubrir el lugar
quel sueño y la vigilia desesperan
tan simple y tan difícil como un rostro
                                        un lecho o un abismo
aquella flor que se nos niega
y abruma los párpados
como un llorar sin dueño

y en medio del todo y de la nada
dibujar el verbo, hundirlo en la simiente
para que la ciencia de los principios
alcance a la de los finales
y el círculo se quiebre, fulgure
                                  como llama
                                        en lo abierto.

II

MATERIA, VOZ, PALABRA

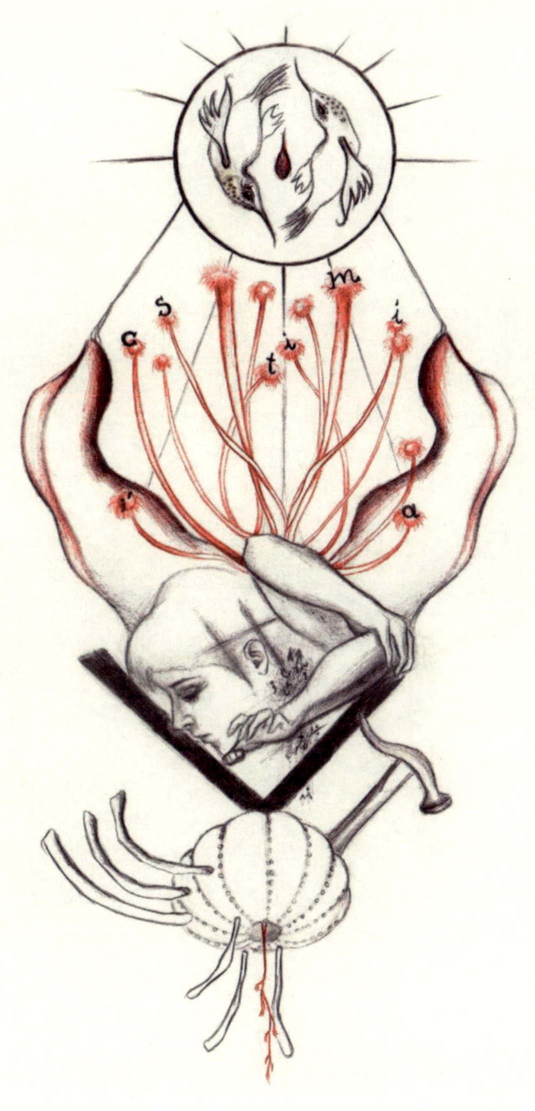

«Porque la palabra no es el grito,
sino recibimiento o despedida.
La palabra es el resumen del silencio,
del silencio, que es resumen de todo».

Roberto Juarroz, *Sexta Poesía vertical*

«¿Dónde están las palabras?
¿Dónde está la señal que la locura borda en sus
[tapices a la luz del relámpago?».

Olga Orozco, *Sol en piscis*

Mística de la palabra poética

No hay ninguna mística
en la palabra poética

en todo caso existe un valle
que cruza la memoria
y se encuentra de nuevo con la piel
entre la ausencia y el anhelo

y tal vez resuena en los pulmones
escalando por la garganta, la boca,
los dedos y la sien
llevando un soplo turbio hacia la claridad del día

o al revés

tal vez sí existe una mística de las palabras
es el esfuerzo que ponemos en decir
lo que tiene que ser dicho –probablemente menos–
sin dramas ni aderezos

el germinar de la letra
que no es otra cosa que paciencia
comida, tiempo, cama, techo, afecto
y la fatal creencia de que podremos contarlo.

Al final toda esa mala «mística»
se resume en un sólo movimiento:
unos ojos buscando la complicidad de otros
que nos devuelvan con la mirada
el mundo.

Plegaria

Hundirse
en la sombra
como buscando la matriz
la experiencia primera
del sueño y el latido.

Hallar tal vez la huella
el silencio
apenas una hebra de luz
que sirva de alimento
a la palabra.

Salir
de lo oscuro
yacer tendido al sol
como ropa húmeda
en un día de verano.

El rumor de los pájaros y el frío de las baldosas
hoy bastan como respuesta a tu plegaria.

Un día

Un día
podríamos hacer como
si solo bastasen las palabras
como si su solo fulgor sirviese
para cambiar aquello que
nos niega y nos quiebra
la vida.

Y engañarnos.

Un día
tal vez –digo– podríamos
dejar de especular en el teatro que somos
y abrir ventanas en pasillos
que no han visto la luz en años
ni tan siquiera
un ápice.

Y desnudarnos.

Un día
quién sabe a estar alturas
podríamos acariciar el otro lado
de aquello que buscamos y anhelamos
el envés, su impuro latido

y aventurarnos hacia
qué isla.

Y descubrirnos.

Un día quizá
pero puede que no
y al atravesar ese umbral vacilan
la urgencia y el afán
de todas las apuestas
que tienen sentido
en esta vida.

Palabra

Naufragamos siempre en la palabra.

Temblamos en su origen
desconocemos su destino

nos ahogamos en su perplejidad
que no se aviene a tratos fáciles

¿Pero cómo dejar de habitar su partición
su filo quebrado
su tormenta vana
su nido vacío
y esa pasión sin término
que reclama su nombre hasta el delirio?

¿Y de dónde viene esa extraña bondad
agazapada en sus heridas?

Abiertas como flores
pequeños pájaros insomnes
liban de su interior una sustancia
que se parece a la vida

Qué mundo traducirás, palabra,
en cada uno de tus signos
en la suma de tus acentos
en el tañido de esta garganta
que es ahora tu boca
y dice.

Preguntas

Preguntar consiste en no guardarse
bajo la manga
o en algún bolsillo de la chaqueta
–esperando la ocasión–
todas las respuestas de antemano.

Es fácil el viejo ejercicio retórico
de pretender que no se sabe
para después descubrir las mismas verdades
de siempre sobre lo humano,
lo divino, el orden y el sentido de las cosas.

No, eso no es preguntar. Es cerciorarse de que
las fisuras, el caos y la incertidumbre
queden preventivamente conjurados
mientras prohibimos a la palabra atravesar
el peso del presente y el pasado sobre los hombros.

Como si pudiéramos llenar de cemento los abismos
como si pudiéramos cubrir las fosas y los huesos con mentiras
como si pudiéramos cubrir de alambre de espino todas las tapias
como si pudiéramos olvidar el dolor en la piel propia y ajena
como si pudiéramos cerrar tanto los ojos y taparnos los oídos.

Pero no podemos. No queremos.

Preferimos preguntar
como quien salta sin una red debajo
aunque nuestra voz caiga en saco roto
o se nos parta el espinazo
porque la verdad no es plácida
sino vertiginosa, dura y en ocasiones subterránea

y está lejos de la costumbre y el poder
en ese lugar que nombramos apenas
y tocamos a tientas
con dedos temblorosos
buscando apoyo firme

para con suerte encontrar una mano
que nos sostenga y nos recuerde
que debemos seguir
porque es ardua la tarea
y todavía no ha terminado.

Inútil

No es inútil
tomar la palabra
para decir lo que los ojos ven
o lo que las manos pueden
y, sobre todo, lo que podrían hacer
si los árboles dejaran ver el bosque
y fuesen muchos brazos
los que empuñasen la esperanza
como una herramienta para labrar
horadar, remover la tierra
y alojar la semilla
de un aliento común
y así nutrir el brote de algo
más tenaz que una utopía

tal vez un hogar, un pueblo
o un latido
un programa político
para enmendar la totalidad
de la barbarie y la violencia
que día a día colma
la tierra, los cielos, la sangre
y bate con alas metálicas
sobre ciudades, barrios
calles y chabolas
derramando insistente su agonía

mientras diezma futuros
y abrasa nuestra carne
sin remordimiento alguno.

Inútil es no hacer nada
no decir lo que golpea
los huesos del mundo
por eso es necesario eludir
la retórica vacía
el encanto de la evasión
las ruinas melancólicas
la tentación de los silencios
porque una palabra cierta
puede llevar a germinar otra palabra
y tal vez otra y una más
terminen siendo las nuevas piedras
la mezcla y el cemento
del puente que buscamos.

El arte de la cocina (II)

A Eugenia Domínguez Andrés

Guarda, guarda esa prenda invulnerable que cobraste al pasar y
[que llevas
oculta como un ladrón furtivo desde el comienzo hasta el futuro.

Olga Orozco

Hay tres sillas
una mesa de madera
forrada de plástico
y unas manos ancianas
que sirven la leche y el cacao
al niño aún soñoliento

las historias danzan
a través de unos labios
mordidos por el tiempo
afloran desde un lugar
que solo la voz de la memoria
puede recobrar y cantar

entonces un murmullo
inunda la cocina
y cambia el color entero de las cosas
tanto que hasta las palabras –barrio, república,

silencio, Dios, paciencia– saben a otra época
mientras suena esa tenue melodía

alguien habla para que el otro escuche
y los relatos se trenzan
en la intimidad de un cariño
nacido del cuidado
por quien aún es semilla
de porvenir

son muchos los personajes
las situaciones, las escenas
que la aguja teje con su hilo cobrizo
numerosas las enseñanzas ocultas
en la superficie y el dorso
de la historia

tantas que el niño volverá
años más tarde
cuando deje de ser niño
a esa voz, a esas frases
a las cálidas huellas
de unos dedos antiguos

y desentrañará enigmas
ahuyentará espectros
acariciará el origen de la sed
y amará aún más la voz que lo arrulló
veló su sueño, calmó sus fiebres
y le regaló el último tramo de una vida

empeñada en querer
a pesar de dogmas
esculpidos con miedo
la sombra no pudo quebrar
su sonrisa tardía
sus suaves y tiernas manos –su irrepetible diferencia–

aquí estás, como ayer,
hoy y siempre,
hablándome en el desayuno
y desvelándome
tranquila
los contornos del mundo.

Los signos

Como erizos
se ocultan del sol
y deambulan nocturnos
cerrando los ojos con las primeras luces

albores de un mañana prometido
que solo ellos intuyen
en su propia articulación
en su juego aparentemente infinito

sobre el que conjugamos
nuestra inquietud, efímera
y el sentido de unos pasos
que quisieran hollar un suelo nuevo.

Pero ni siquiera ellos
hogar de la ficción, el deseo
la verdad y la traición
son inmortales

tal vez nos sobrevivan
y otros descifren su corazón sin dueño
su voz de nadie
y de cualquiera

pero su maldición, como la nuestra
es la de las generaciones:
perecerán con el último hombre
y la última mujer.

Por ello, antes de recorrerlos
y de perderte entre sus sendas de tinta
escucha su respiración
y acaricia su lomo

verás resplandecer entre tus dedos
la fragilidad inabarcable de lo humano
sobre todo en los signos que te hablen de amor
y de justicia.

TAMBORES DE GUERRA

Dijeron que no sucedería
que no caería la muerte del cielo
que los cuerpos no teñirían las calles
de carne, sangre y ceniza

hoy el miedo
amo y señor de la miseria
visita Bucha y Kiev
anunciando los cadáveres prometidos

con balas
con impactos súbitos y estruendos
con fuego amigo y escarnio para el traidor
–más muerte dentro de la muerte–

y los cristales riegan el suelo
devolviendo el reflejo
de un mundo roto en mil pedazos
como lágrimas que cortan

a distancia los reyes y las reinas
disfrutan del espectáculo de sus peones
mientras asienten satisfechos
calculando la próxima ordalía

el día muere, la noche arde
y el frío devora a quienes huyen

buscando un lugar en que el terror
no sea una plaga cotidiana

pero la pira continúa
sin nadie que recuerde el don de la palabra
armas a las armas
fuego al fuego

como si del vientre de la muerte
pudiese nacer la vida
y pudiésemos llamar luz
a la oscuridad más plena.

Quo vadis Europa?

Aquella voz

¿De dónde vino aquella voz
que hizo de las palabras
su ventana
y mudando los acentos
dejó en el paladar
un rastro de aves y cielos salvajes
que todavía reclaman
el vuelo?

Lo desconozco.

Pero vino a mí
el rumor
en una tarde tibia
y buscando su forma
germinó feroz en la lengua
como fruto de nadie
estambre incandescente
bajo un alud oscuro

me abrió de par en par
los brazos y los ojos
y mi boca fue solo
el vértice
          la antorcha
de aquella cadencia
y su misterio
                    terrenal.

No dejes

No dejes que concluya
que se aquiete la palabra
y se extinga su lumbre
como el ascua melancólica
que apenas ya titila
ebria de ceniza y soledad.

Si ha de terminar el verbo
su incierto sobrevuelo
para darse de bruces
con los muros, los límites, los gritos
que franquean el tiempo de los vivos
tendrá que albergar furor, rara certeza.

Porque
en el impúdico descenso
a la materia humana
se juega todo

la sal, la sangre
su peso ante los ojos

¿pero qué queda para quienes
se niegan a ser meros testigos
del desastre?

Hacer que las palabras
coincidan con las cosas
para que ya no se desmientan

mirar cara a cara a la sombra
con la boca henchida de verdad y vértigo.

III

Paisajes íntimos

«Si tu acercas tu boca inagotable
hasta la mía, bebo
sin cesar la raíz de mi propia existencia».

José Ángel Valente, *Se tú mi límite*

«y el mar retraerá sus pequeños párpados de halcón
y tú intentarás apoderarte del instante».

Aimé Césaire, *Las armas milagrosas*

Oráculo

Reposaba en tu vientre
la palabra sin nombre
bordeando la cintura y subiendo
por el torso
hasta la boca

pude tocarla

era palpitación oscura
y simiente luminosa
naciendo del barro
la sangre y la carne
que te hacen

era devoración

y al tiempo aliento
que bebe de lo angosto
y camina hacia lo pleno
buscando su morada
en otro cuerpo –el mío–.

Así nació el verbo
como saliva que cae
sobre la sed
y arde en la espalda
de la mañana.

El adiós infinito

«su cuerpo dejará, no su cuidado».

Francisco de Quevedo

Un infinito adiós
para no despedirnos nunca
como coartada perfecta para permanecer así
con la maleta a medias
buscándole excusas al día
mientras el sol cae sobre las flores del mantel
y las tazas del desayuno proyectan su sombra
solemnes como estatuas antiguas

porque
quién tendría prisa por marchar
cuando podemos inventar
algún pretexto que nos retenga
–una ordalía o anhelo súbito–
que derrame el día sobre la noche
y tengan que cancelarse los billetes
apartando la inquietud que anida en toda despedida

un adiós infinito
en el que encontrarnos siempre
ese «todavía no» que rehúsa extinguirse
aunque se sepa limitado
y demasiado humano

como para perseverar eternamente
a expensas del tiempo
y de nosotros

un largo adiós
en el que no quisiéramos
decir jamás la última palabra
y recorrer así todas las calles de la ciudad
a la caza del olvido
alumbrando en cada plaza y arboleda
una sonrisa cálida
frente a lo inevitable

un adiós para no decir adiós
para seguir aquí
incluso cuando nos hayamos ido
pero no como espectros cautivos
sino como ese aroma familiar
que alguien sabrá reconocer:
es el olor fecundo y especiado
de los hogares elegidos.

Estío

La sal anida en cualquier parte
incluso en pliegues y lugares
para los que no alcanza la palabra:
en los surcos de viejos ríos
que descienden por la piel
anegados por fuentes claras
como de antigua luz
dejando un rastro fiero e imperfecto

entretanto, islas y archipiélagos
afloran al son marino del salitre
ahora sí, ahora no –un compás–
constelando tu cuerpo

y quisiéramos saber si este tiempo es real
o estamos suspendidos por el furor del estío

en un punto, en un límite
en el ángulo en que el ocaso
desprende, como savia, su secreto

una verdad de arcilla y oleaje
que nos acoge y respira
a través del pulmón común de nuestras bocas

¿seremos acaso esto mañana,
este horizonte de cumbres
que se recortan frente al mar
coronando su inagotable movimiento?

importa poco, porque el final del verano
nos reclama con sus manos de fuego
sus cañas acostadas alrededor del agua y tu cintura
sus misterios centelleantes, casi de otoño
agazapados en las esquinas

y una certeza tan familiar como desconocida
pisa la tierra como animal recién nacido.

Convicciones

Para Carolina Meloni

Tuve que dar muchos rodeos
hasta poder decidirme
y dar con la vereda
que llevaba a tu patio
de largas primaveras, cañaverales,
tormentas y lapachos
perpetuamente florecidos

busqué todos los atajos
como quien quiere llegar pronto
a todas partes
y en su arrogancia cree poder engañar
las distancias y recodos del camino
para al final acabar extraviado
en rutas paralelas, espejismos

pero luego de andar
dos pasos hasta la entrada de tu casa
la de verdad, en fin,
la que descansa entre páginas de vida
años de éxodo y reencuentros
desde una orilla
hasta la otra

alcancé una convicción
como el vuelo de un ave:

que amar es acompañar
al otro en la memoria, en lo más hondo
y hacer hogar en ella
en la infancia de sus sueños
en los fantasmas y relatos
más oscuros, en la claridad
de las sonrisas
y beber de su esperanza
de su ebriedad
y atreverse a morar allí
por cien mil años
sabiendo que la vida aún no termina
que el mundo podrá arder
y seguiremos deseando

y no hace faltar pensar
en despedidas y finales
en las ruinas o las ausencias del mañana
porque, por lo demás,
la muerte es un juego muy tonto
para quienes amamos demasiado.

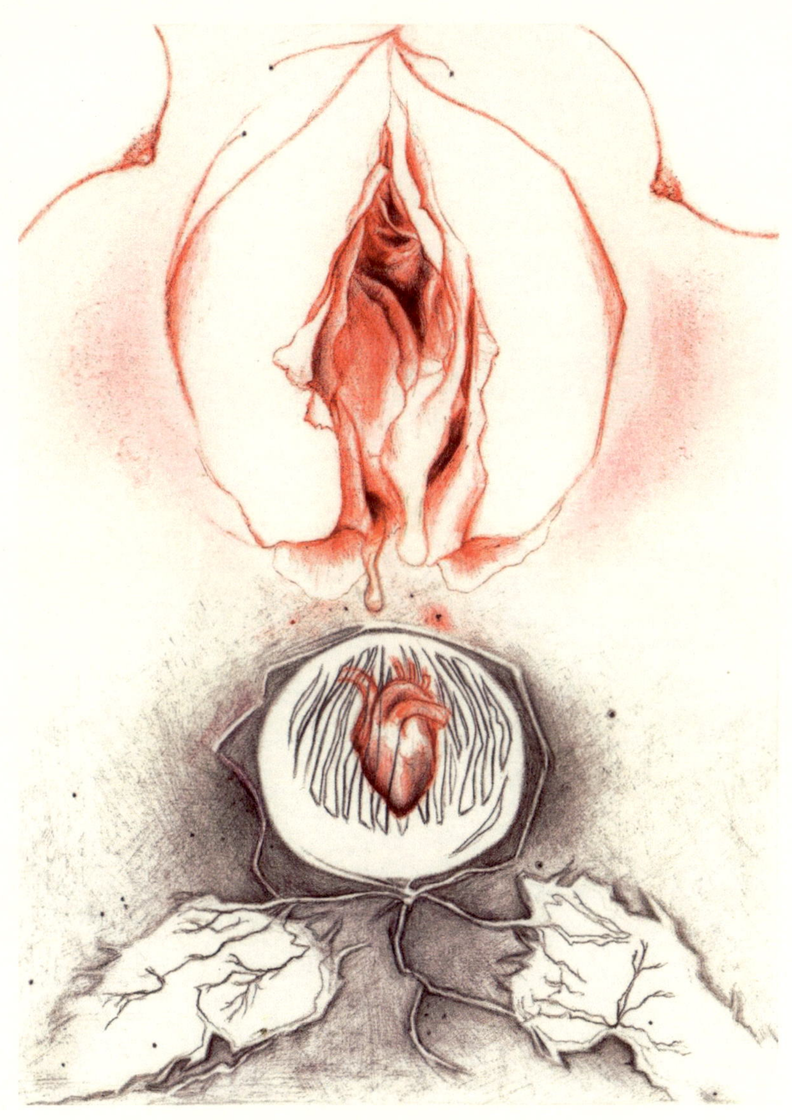

NO ME BUSQUES ALLÍ

No me busques
en los lugares que te hablan de mis manos
o en la viveza de caricias otoñales
lentamente derramadas y atesoradas en invierno

pues no moro más allí
rezagado en los recuerdos.

No me busques en la casa
en los rincones familiares
ni siquiera en el vaho de las ventanas
o en las orillas del río

porque no estoy allí, entre las hojas,
ni tampoco en el ángulo ciego de los párpados.

No persigas mi nombre
cuando el mediodía divida la mañana
y los pájaros acudan en bandadas
hacia las sombras frescas de sauces y naranjos

porque no habrá metáforas, figuras ni siluetas
que puedan contener quién sabe qué latido.

No pierdas el tiempo en la nostalgia
en el barro tardío, en las soledades heridas

porque la vida reclama un tributo
más alto que la muerte –es ese su secreto–

así que no me busques allí
en los álbumes gastados del alma.

No recuerdes los ritos
que bebieron de nuestra boca
y deshicieron la miga generosa
del pan de cada día

porque no estoy ya ni en el primer
ni en el último bocado.

No me llames de noche
cuando acechen los fantasmas
y el sueño se convierta en un viejo dedal
oxidado y estrecho

me harté de las pesadillas y los remordimientos
y abandoné aquel páramo hace siglos.

No repares en mis huellas
aunque a veces parezcan un camino
pues la inquietud de sus pasos
nunca pudo conjurar el tiempo

así que no te dejes embaucar
por una loca historia de vaivenes.

No me busques allí –digo–
pero yo quiero que me encuentres
tal vez no ahora, pero quizá algún día
sin buscarme

en las arrugas de una comisura
en la raíz ligera de la que brota tu sonrisa.

Como el ave de paso que, al final,
permaneció contigo para siempre.

EL ARTE DE LA COCINA (III)

Para Araceli Pino Domínguez

Contaremos
todos los pétalos un día

los años y las lunas
que pudimos ver, cruzando los cielos

y recordaremos
nuestros rostros reflejados en las aguas

comprobaremos, entonces
cómo han cambiado irremediablemente

y cómo el paso de las estaciones
nos ha curtido la vida

pero algo quedará intacto:

el reflejo de tus ojos en los míos
madre e hijo

como si fuese la primera vez
de tantas veces más

como si pudiéramos nacer
de nuevo y por siempre en los ojos del otro.

Un hombre (fin de año)

Para Mamen y Fernan, in memoriam

Y nos visita la muerte
tan cierta como el invierno
abrazando la noche húmeda
insomne, plagada de ecos sin retorno
–mensajes que quedarán ya
sin respuesta–

agostada la esperanza
una figura sombría esparce sus despojos
de escarcha y amargura
sobre la frente tibia
de quienes velan
al cuerpo

afuera todo es ruido
ciudad perpetua, sin tregua
pero nosotros permanecemos allí –alrededor–
testigos unánimes de una despedida
en medio del dolor
y el calor del que somos capaces

quisiéramos otro final para la historia
pero la carne
grave, lívida

desmiente cualquier ensoñación:
el hilo rojo
                    se ha quebrado

pero las manos
las flores y los rostros
se esfuerzan por trenzar
por estrechar el nudo entre las palabras y el recuerdo
para que la ausencia se acobarde
y el fuego irrepetible de una vida
no pueda ser en vano.

Grietas

«La mecánica de eclipses
busca un brusco anochecer
tres planetas se conjuran
contra diez».

Jesús Arias, *Agonía, agonía*

Las sientes

son como el frío
inesperado de un invierno
que palpita en el hueso

o el rastro febril
de ese verano interminable
lamido por el duelo

quisieras olvidarlas
pero están ahí

húmedas, encendidas
horadando la calma
como una copla de sed infinita

¿qué quieren recordarnos
que aún no acertamos a descifrar
simples aprendices de un juego
del que no somos dueños?

a veces nada
y son solo el estéril castigo
que nos auto infligimos
por las tardes perdidas

otras nos lo devuelven todo
el sentido de los pasos
y los porqués precisos
de la marea que somos

están ahí
puedes tocarlas

y algo brilla en su fondo:

no es una perla
ni un crucifijo al que agarrarse

es el latido del animal que persevera.

Ciudad solar

Una ciudad
son sus gentes
las piedras y las ruinas
sobre las que ha crecido su alma
las aguas que le sirven de límite y espejo
los pasos errantes de quienes la visitan
o buscan auxilio entre sus muros
pero también las sendas verdes y embarradas
que moran en sus flancos
y los días soleados que inventan
lances en sus calles y recodos
eventos aparentemente simples
que sin embargo vibran alto
a pesar de ser sílabas menores
del flujo ininterrumpido de la historia
mas insisten en ser y persistir
como tu risa bajo los álamos
y nuestros besos sobre puentes antiguos
mientras tanto, las corrientes rompen
contra las rocas sin orden
como tu pelo cuando amanece
sobre mi hombro
y conjuramos la soledad
entre la piel y la saliva
inmersos en la luz más íntima
y más cierta
de esta ciudad solar.

LEOPOLDO Y YO

A Rubén García López, que
conoce esta y tantas otras historias.

Cien mil muertes
en una riada de palabras
una por cada verso
y por la sangre derramada
de tu lengua enmohecida
pero viva

que repta
en algún lugar espectral
al que no nos atrevemos a mirar
y sigilosa roza el cuerpo
en su parte más blanda
y más malditamente pura

clama por ti la herrumbre
de las jaulas
y las rejas de los patios de colegio
con los dientes partidos
del delirio
en la sonrisa de Cheshire

y no hay botella de ron
ni párpados ni ciervos

ni apenas pájaros
sobre el cofre del muerto
ni siquiera la nada
aparece con su manto sin gracia

y España te llora desde el odio
y el olvido
con su ternura estrangulada
de cilicios y estatuas sin rostro
legado imbécil de un pasado
babeante.

Tengo cuatro años
y te miro en la Plaza de Ventura Rodríguez
Ciempozuelos
tú me sonríes con caramelos en las manos
y no puedo adivinar, inocente de mí, que tu figura y tu
[risa
son un globo rojo y el séptimo círculo de los infiernos.

Granada

A Pepe, por desgranarme su amistad calle a calle.

Ya sé qué tú me quieres
como puedes
que gustas del embrujo
y no eres rencorosa

y te diviertes
entre Elvira y San Gregorio
dándome una de cal
y otra de arena

pero cuando me das la buena
siento que no podré dejar jamás
tus calles de medina

sendas que serpentean
desde la raíz del Darro
hasta los cielos del Albaicín

la sangre del tiempo
hierve en cada piedra
en los pasos de quienes recorren
el pulso acelerado de tus floridas cuestas

y cuando cae la tarde
el mundo parece terminar en ti
entonces el aire se enfría en Plaza Nueva
y trae a la memoria versos existenciales del de Loja:

Aunque éramos antes poderosos, ya no somos más
que osamentas; en otro tiempo dábamos festines, hoy
somos el festín de los gusanos[1].

La noche se aturde entre el gentío
los olores especiados de Calderería
y el sudor dulzón de un hombre que duerme a la
[intemperie
en un severo recodo de la Catedral

a veces tus jornadas son agujas
otras no debieran tener fin
entretanto los turistas se agolpan y devoran
insaciables, tu tuétano

mientras algunos barrios ateridos
reclaman lo que es suyo
desde el Zaidín hasta Almanjáyar:
el pan, la vida y la justicia

tan cruel como hermosa
no dejas escapar a nadie de tu claroscuro
y anidas como una nueva infancia en la memoria
a la que solo se puede volver y volver

y ya sé que sólo soy otro más
cantándole al encanto nazarí por la orilla del Genil
pero entre la basura y las flores
sigo buscando la esperanza.

---

[1]Ibn Al Jatib, «Aunque estemos cerca de la parada terrestre…».

IV

Común

«Crecen sombras en la luz roja de la tarde
y me asomo al abismo.
Pero no se despejan incógnitas
que el agua arrastra bajo las calles
de la ciudad tendida».

Ángeles Mora, *La Alhambra junto a la tarde*

Cautivo

A Orlando "el Caschi", a quien no pude conocer,
pero cuya memoria estimo.

«oh no me desampares altivez
quien podría matarme sin
hacerme reír».

Roque Dalton

Me capturaron en un monte
muy lejos del hogar
mientras huía con lo puesto
y pocas cosas más

el recuerdo de tu calor
y la ternura compartida
acompañaron el cautiverio
un ascua viva en pleno invierno

toda una hoguera cuando los carceleros no miraban

lo intentaron una y otra vez
pero no pudieron doblegarme
ni arrebatarme todo lo aprendido
durante los días de libertad:

la cautela de los animales salvajes
el encanto de las cosas simples
el don de la palabra –incluso en el silencio–
la mirada inquieta y cálida

esperé paciente mi momento
estudié los gestos de los guardias
amable, exploré sus debilidades y arrojé semillas sobre
[ellas
para que allí crecieran la discordia y mi esperanza

hasta que llegó el día señalado

los sorprendí dormidos, desarmé su estupor
y les robé las llaves
sigiloso, uno a uno atravesé los corredores
para liberar cada alma y cada cuerpo

y juntos nos entregamos a la huida
como perras y perros fugitivos
y hasta sentimos pena por nuestros vigilantes
pues no hay nada más triste que ser un carcelero

de la vida, del amor, del deseo (propio y ajeno)

y supimos que, a pesar de la violencia,
el encierro y la tortura
no nos habían vencido
porque la alegría estaba con nosotros

escondida en nuestros planes para acabar con el sistema.

Simple

«Un fantasma recorre Europa…».

K. Marx y F. Engels, *El manifiesto del partido comunista*

A veces luchar contra los fantasmas
y los rincones oscuros
que habitan
en uno

resulta bastante simple.

Tararea tu canción de incertidumbre
abre la ventana, saluda a la ciudad
respira su bondad y su miseria
haz de ellas tu propio aliento

no es suficiente

mira hacia abajo
siente el vértigo que sacude las aceras
los rostros febriles
el frío colosal que devora
poco a poco las miradas
desde dentro

no dejas de tener suerte

baja, camina
fúndete con sus pasos
con sus cicatrices
y estandartes de soledad prefabricada
observa de cerca sus grietas, tócalas

ahora querrías incendiar las calles
los sueños y los charcos
con un grito tan grande
y certero como un pueblo.

¿Pero qué pueblo?

Ese lugar que falta y nos reclama
entre el sordo mazazo de la angustia
y un lejano tañido de esperanza.

Y dime ¿dónde están ahora tus pequeños fantasmas?

¿Le importarán acaso
a los inventores de jerarquías
a los que pintan el mundo de blanco
a los que acaparan el pan y las palabras
a quienes hostigan sin piedad
y reparten su plato cotidiano de violencia?

Probablemente no.

Así que la cosa es simple:

llama a los tuyos
convoca a tu pueblo
inventa una ceremonia
quema sus símbolos
unge tus manos en ceniza
pinta tu rostro
y mide bien tus gestos
entre la danza y la estrategia.

Conviértete en su espectro.

ESTA LUZ

Esta luz
que baña las calles
y cae sobre los seres que habitan la ciudad
esta luz que alumbra sus paseos furtivos
sobre piedras, hojas y tierra mojada

fulgor que se precipita
sobre las camas revueltas,
que besa labios heridos por el frío
y descubre temblores ocultos
allí donde todo parecía en calma:

la esquina de siempre, los gestos habituales
los rostros e incluso las palabras –pan, vientre, cuerpo, boca–
se sumergen en un delirio luminoso

¿Qué vocación secreta habita esta luz,
loca luz, que desbarata los contornos del presente,
que de tanto brillar trasciende la memoria
y arde sobre la sien?

Ese resplandor susurra al oído
«ahora, siempre y nunca»
mientras empuja de mala gana al porvenir
dándonos de beber su contingencia
y su sed imprevisible.

¿Cómo habitar ese destello
que se abre en el centro las cosas
de lo más bajo a lo más alto
y nos ofrece su corazón perecedero?

No temas, dame la mano
y camina conmigo bajo esta luz
que abraza todo lo mudable
para que juntos
podamos atravesar su límite.

Canción de las certezas

Payaso suplente en la primavera comunista.

Heiner Müller, *La Máquinahamlet*

Ahora puedes ver
con bastante claridad
lo que sucede al otro lado

en ese lugar
no tan distinto del tuyo
que procuras obviar
anestesiar, racionalizar,
entumecer, olvidar,
quitarle importancia
porque «las cosas son así»
y «qué se le va a hacer»
mientras pasan los días
y las noches silban
con un aire quebrado
como las grietas de asfalto
que rodean el barrio

venas negras de alquitrán
casi deshechas
que todavía sirven, perseveran

y hay que odiar el miserabilismo
tanto como los cuentos de hadas
o las portadas de los periódicos conservadores

y hay que armarse
de algo mucho más valioso que el valor
y la empatía o el compromiso

para atreverse
aunque solo sea un poco
a abandonar los sueños que nos han contado

que no han dejado de narrarnos
para que seamos lo que se espera de nosotros
eso tan dócil y agradable

que nunca hará diferencia en el gris de lo mismo

y no se trata de ser más
ser superior o ser distinto
por el hecho de serlo

son tan aburridos los demonios
de las clases medias
y el individualismo de plástico

tediosos hasta la esterilidad

se trata de acabar
con estos tristes cuentos
que nos contamos para adentro

de salir de nosotros como una carcajada
o una mirada fija en lo más próximo
porque es lo más ajeno

necesitamos un plan
que revuelva las esferas
los astros y las tierras
que anide entre las sienes y los árboles
y fecunde los cuerpos
con la unanimidad de los océanos

como un murmullo
que es torrente y delirio
sola voz y vientre
que agarra con dedos de futuro
las tareas comunes
que debemos proponernos

mira ahora al otro lado
de esa soledad agazapada
para encontrar aquello de lo que huías:

era lo que buscabas.

FRONTERAS

«Y el África gigantescamente reptando hasta el pie hispánico de Europa, con su desnudez donde la Muerte siega a grandes hozadas».

Aimé Césaire, *Cuaderno de retorno al país natal*

Son líneas
sobre los mapas
que parten la carne
y desgarran feroces
espaldas, brazos, torsos
negros, oscuros
a dentelladas de acero templado

impasibles
anuncian la muerte
brillando como arpones
bajo el sol del estrecho
un monumento a la barbarie
incapaz de contener
la vida que late tras la valla

el mar es una tumba
y la tierra está teñida de sangre
cuerpos amontonados
los unos sobre otros
bajo la mirada inerte

de una civilización enferma
hasta los tuétanos

cifras y números
para alambrar el alma
y ocultar bajo vanas palabras
los rostros, las voces, el sudor
y el éxodo de angustia y esperanza
que escala hasta llegar al borde
donde se juega el todo

miras con ojos atentos
el horror de las escenas
tratando de descifrar una fortuna
que tu piel desconoce
tal vez lloras y la rabia te inunda
o apartas los ojos
y huyes

da igual
los muertos seguirán ahí
Ibrahim Keita, Armand Debordo, Dauda Dakole,
Jeannot Flame, Joseph Blaise, Larios Fotio,
Nane Roger Chimi, Ousman Kenzo, Oumar Ben,
Samba Baye, Yves Martin y Youssouf
como espectros en la conciencia de Europa

en el Tarajal
en la fosa del estrecho

en las calles de todas las ciudades
encerrados tras los muros del CIE
Samba Martine, Idrissa Diallo
como un golpe seco
sobre el espinazo ya quebrado

siglos de expolio
y de vergüenza
de desposesión y esclavitud
en aras de un progreso envenenado
forjado por invasiones y saqueos
que sigue construyendo muros
para no enfrentar su sórdida verdad

la Europa blanca se mira en el espejo
y no ve nada más que su figura
pulcra e impoluta, altiva
mientras dibuja sus fronteras sobre el papel
para mantenerse a salvo
de sí misma
Europa

¿Pero por cuánto tiempo Europa
por cuánto tiempo
y cuántos muertos más necesita
el vientre insaciable de tu espanto?

No siempre podrás conjurar la rabia y el futuro
del mundo nuevo que quiere nacer
y avanza por tus costas.

PUENTE

En todo puente hay fantasmas.
Gloria Anzaldúa

La historia está cansada de protagonistas.

Quizá todas las tareas políticas
del presente y de los años por venir
se reduzcan a esta:

ser puente

ser aquello que une los lados opuestos del río
sin ánimo de conciliar
pero sí de hacer más llevadero el tránsito
que lleva de un lugar a otro
y mientras tanto
permitir que algo pase
desde los márgenes al centro

es duro ser piedra
humilde, desgarbada
pisada por todos y por nadie
pero necesaria para dar un paso y luego otro
e inventar ese camino que queremos
y no acabamos de descifrar
en el fondo de las aguas
ser puente, sí

llevar en la espalda la extraña vocación
que busca la palabra del otro y de la otra
para extenderla y contestarla
desde un lugar intermedio
mestizo y sin más patria
que la voz que anida
en el umbral

ser puente
como quien extiende la mano
como quien alarga la mirada (¿hacia dónde?)
como quien se entrega al otro lado sin pensar
y trae noticias desde lejos
ser el arco que une, con un solo movimiento
los mundos.

Raíces

Las buscaba
pero solo encontré
huellas y más huellas
sin beneficio de inventario

lenguas extrañas
voces dormidas en la tierra
el canto de los grillos en las chacras
el azul puro del verano sobre los olivares

seguí entonces aquel rastro
que soñaba su origen
y sentí como acechaba la memoria
caliente aún bajo las piedras

escarbar así, con las manos desnudas
para agarrar la raíz a tientas
como quien quiere traer parte de sí
desde la boca del olvido

y lavarse los ojos con el sol de la tarde
tenue luz que se marcha
para descubrir el cruce de caminos
donde se torna visible lo invisible

pero apenas vi nada

no pude descifrar el misterio
ni colmar los vacíos
ni dar sentido al camino
que reclamaba mis pasos

hasta que tú me hablaste

entonces, y solo entonces
atravesamos los confines
que separaban el presente del pasado
y hundimos juntos los dedos en el barro

desenterramos las semillas, los sueños
los huesos y los futuros rotos
que florecieron como quetupíes hacia el cielo
y sus colores imposibles inundaron el horizonte

ardió el recuerdo

y nos dimos cuenta de que debíamos
inventarlo todo de nuevo:
unas raíces enteras como el abrazo que no acaba
unas raíces tan vivas y ágiles como el viento.

El arte de la cocina (IV)

«y esta casa
tan antigua como el amor
seguirá encendida
como una lámpara»

Juan González, *La casa*

Llamar hogar
a quienes nos dan la vida
a quienes sostienen nuestra voz
atreviéndose a apostar
en el juego incierto
que somos

hogar
los pies descalzos
sobre el suelo de la entrada
buscando a tientas el abrazo
del viejo amor
que nos reconoce con una sonrisa

y recorrer así –de la mano–
el salón y la cocina
dibujando en el aire sus perfiles
su infancia y su ternura
pasadas y presentes
para perdernos en sus secretas galerías

porque tiene muchos pliegues
la piel que vestimos
y hay que desnudarla
poco a poco
pues hacen falta décadas para saber
quienes somos en nuestros corazones

por eso hay que salir al balcón
y mirar, como niños, el horizonte
el paisaje que se recorta a lo lejos
con sus montes, sus casas, sus brotes luminosos
y perder el tiempo allí besándonos
como en la proa de un barco que sueña a la deriva

o volver a la habitación
para amarnos de repente
y agitar los confines de la tarde
que asciende hacia la noche
como nuestros cuerpos, ebrios
y henchidos en tu hondura

¿somos aquella casa onírica
imaginada ya casi al despertar, lamiendo la vigilia
hecha de certezas, amor
de soledad y compañía
de noches sin término
y estrepitosa luz?

te imagino como un hogar
de carne, de deseo

de algo más antiguo que la felicidad
pero me pierdo entre tus habitaciones
¿o eres tú quien se pierde en las mías?
nos perdemos, nos encontramos allí

en el punto exacto
en que se cruzan los alientos
y brota la sed
como lágrima o saliva
que anticipa
la más hermosa tempestad.

Común

Estar
en la palabra
porque es el territorio
en que las lenguas se encuentran
y advierten su común precariedad
su límite interior
para decir
aquello que rebasa
y trasciende el verbo
por su proximidad
tan íntima y extraña
en nuestras bocas
este soplo
demasiado humano
y animal
que somos y nos hace
descifrarnos
a pesar de los silencios
a través de ellos
porque de allí brota
una soledad
que compartimos
y más allá de sus albores
la respiración de una comunidad
en la que apenas reparamos
pero que insiste en palpitar

ladra
y empuja hacia la línea
en que la vertical de la utopía
se funde con la horizontal
de nuestras manos
silenciosa comunidad
que ya vibra en las gargantas
y que debe ser dicha
convocada
para que anuncie
en los labios
en los cuerpos
su irreversible estruendo.

Buscar

Buscar precisamente aquello que no esperamos
que solo adivinamos entre líneas
y olvidamos día tras día
adormecidos por el opio rutinario
y las incertidumbres que devoran
nuestro suelo

pero buscar
seguir intentándolo
como quien avanza entre la multitud
y anhela un rostro conocido
una señal o una sonrisa
que rompa las paredes de este mundo

un gesto de apertura
y luego otro
para desencadenar el grito
una enorme negativa
a continuar por esta senda
plagada de muerte y de catástrofe

¿pero cómo hallar
aquello que desconocemos
el giro del guion que solo intuimos
y anhelamos
ese estallido de locura necesario
donde se nubla la imaginación?

pues no basta con pensar
en las condiciones atmosféricas
ni en la debilidad del enemigo
para que el hielo se funda
y de golpe se convierta
en agua que todo lo desborda

pero hay que buscar
seguir buscando
casi sin descanso
para conjurar el aislamiento
y aumentar las posibilidades
de que arraigue esta rosa en el desierto.

AL OTRO LADO

¿Y encontraste lo que buscabas
al otro lado de la noche?

encontré una senda
en la que casi alboreaba
y adiviné figuras
alrededor de unas hogueras

compartieron su pan
curaron mis heridas
y pude descansar en sus tiendas
hasta recuperarme

ahora vivo en su compañía
me he convertido en su hermano
y permaneceré con ellas y con ellos
hasta que cambien los tiempos

otro buscador de sueños
que no renuncia a la palabra
ni tampoco a la vida
porque tenemos que vivirla hasta el extremo

pues no cambiarán solos los tiempos
habremos de cambiarlos
y solo un tañido común del corazón
abolirá estos mil mares de silencio.

¿Entonces encontraste lo que buscabas
al otro lado de la noche?

encontré la perspectiva necesaria
para darme cuenta
de que todas las islas que pude descubrir
constelaban –salvajes– un archipiélago.

ÍNDICE

Esta edición de *Cautivos* de Mario Espinoza Pino terminó
de imprimirse en Antequera, Málaga, el 29 de mayo
de 2023, fecha en la que se conmemora el
nacimiento de Alfonsina
Storni.

ÚLTIMOS TÍTULOS DE LA COLECCIÓN ALCALIMA DE POESÍA CONTEMPORÁNEA

189. *Glam Rock*, Martín Izquierdo Verde
190. *Somos rama / Amar somos* y *Letanía para insomnes*, Montserrat Villar
191. *Barrio*, José María Muñoz Quirós
192. *Yo tú ello*, Juana Marín
193. *Cada vez que muero*, Mario Pérez Antolín
194. *Con nombre propio*, Antonio Pastor Gaitero
195. *A qué afuera*, Ramón Campos
196. *Urgencia de lo minucioso*, Luis Ramos de la Torre
197. *Un viejo olor a hojas quemadas*, Gabriel Alejo Jacovkis
198. *Los ritos familiares*, Ángela Álvarez Sáez
199. *Rotura*, Fran Garcerá
200. *República*, Jorge Ortiz Robla
201. *Las esquinas de la Luna*, Luisa Miñana
202. *Postludio*, Miguel Ángel Yusta
203. *Los abrazos del mar / Os abrazos do mar*, Montserrat Villar
204. *Fábulas del perro viejo*, Agustín Calvo Galán
205. *Virtudes de la inercia*, Miguel Ángel Real
206. *Diarios del año de las moscas*, Alicia Louzao
207. *Morir en Iguazú*, Javier Díaz Gil
208. *Ser raíz*, Begoña Regueiro Salgado
209. *Honda memoria de mí*, Carmen Conde
210. *La fórcola*, Fernando Sarría
211. *El empeño del manantial*, Jorge Riechmann
212. *La lengua de mi madre*, Miguel Veyrat
213. *La serena estrategia de la luz*, Luis Ramos de la Torre
214. *En el reino de las gatas*, Marta Vusquets
215. *Baluartes y violines*, Manuel López Azorín
216. *Érase que se es*, Olvido Andújar
217. *Cautivos*, Mario Espinoza Pino

Consulta en nuestra web el catálogo completo.